Römertopf®

aromatisch, praktisch, gut

> Autorin: Gudrun Ruschitzka | Fotos: Michael Brauner

Inhalt

Die Theorie

Die Rezepte

Extra

Köstliches aus einem Topf

Der gute alte Römertopf® – war er nicht ein bisschen aus der Mode gekommen? Dämmert Ihrer vielleicht schon jahrelang in einem Schrankwinkel vor sich hin? Oder haben Sie so eine Tonform überhaupt noch nie beachtet, geschweige denn benutzt?

Drei Fragen auf einmal. Doch wagen Sie einen (Neu-)Anfang! Im Tontopf lassen sich völlig unkompliziert die köstlichsten herzhaften wie süßen Gerichte mit Gemüse, Fleisch, Fisch und Obst zubereiten – voller Aroma, Vitamine und Geschmack.

Eine kleine Historie

Vielleicht kam in grauer Vorzeit ein Jäger auf die Idee, sein erlegtes Rebhuhn zu rupfen, dann legte er duftende Wildkräuter in die Bauchöffnung und schlug es in wohlschmeckende Blätter ein. Aber damit sein Festmahl nicht in der Glut des Feuers verbrannte, schmierte der kluge Mann seinen Braten mit einer schützenden Lehmhülle ein. Nach einigen Stunden nahm er das Huhn aus der heißen Asche, zerschlug den Tonmantel und duftendes, saftiges Fleisch erfreute seinen knurrenden Magen. So könnte der Anfang der Geschichte des Römertopfes® gewesen sein.

1 | Gefäße entstehen

Es war sicher mühsam, für jedes Essen eine neue Tonhülle zu fabrizieren. Deshalb kamen irgendwann findige Handwerker auf die Idee, Gefäße für den mehrmaligen Gebrauch herzustellen. Im Laufe der Zeit wurden Teller, Schüsseln und Töpfe in unzähligen verschiedenen Tonformen geschaffen und nach und nach weiter entwickelt. Darin garten dann die köstlichsten Speisen im eigenen Saft.

2 | Warum heißt der Tontopf aber nun Römertopf®?

Etwa 500 v. Chr. begann Rom seinen Herrschaftsbereich auszudehnen, eroberte fruchtbare Landstriche und wurde wohlhabend. Die römischen Feldzüge verbreiteten römische Lebensart in den eroberten Gebieten. Die Römer brachten neben ihren Kenntnissen zum Bau von Steinbrücken, Wasserleitungen, Amphitheatern und Thermen auch Keramik aus Terrakotta (ital. »gebrannte Erde«) als Gebrauchsgeschirr für den Alltag. Die charakteristischen rötlichen Scherben der Krüge, Schüsseln und Schalen finden sich in allen Ausgrabungsstätten römischer Siedlungen. Keramiker aus Italien wanderten entlang der Handels- und Heerstraßen, etwa nach Südfranreich, ins Elsass und viele andere Gegenden und gründeten dort Keramikwerkstätten. Römische Legionäre erhielten ihre Verpflegung wie Getreide, Fleisch und Hülsenfrüchte im Rohzustand. Alles kam in einen (Ton-)Topf, der dann ins Lagerfeuer gestellt wurde. Der »Römertopf®« war geboren. Der Römertopf® hat viele Verwandte, denn auch auf dem Balkan und in Afrika bereiten viele Völker ihre Speisen in Tontöpfen zu. In Marokko, Ägypten und Tunesien wird die »Tajine« mindestens einmal pro Woche serviert.

Formen aus Naturton

Römertöpfe® sind Formen aus reinem Naturton mit passendem Deckel. Es gibt sie in verschiedenen Größen und Formen (siehe rechts). Die Tontöpfe haben innen am Boden so genannte Bratstege. Sie sorgen dafür, dass während des Garens ohne zusätzliche Flüssigkeit das Gargut nur von Dampf umschlossen wird und nichts anbacken kann. Der winzige Spalt zwischen Form und Deckel ist notwendig, um den Druck im geschlossenen Topf zu regulieren. Durch ihn kann überschüssiger Dampf leicht abziehen.
Sie bekommen die Römertöpfe® in Küchenfachgeschäften sowie den Haushaltswarenabteilungen großer Kaufhäuser.

Klassische Römertöpfe®

1

Gibt es in folgenden Größen: für 2–4 Personen (etwa 1,5 kg Füllmenge); für 2–6 Personen (bis 2,5 kg); für 6–8 Personen (bis 5 kg, z. B. Pute oder Gans); für 8–12 Personen (bis 8 kg).

Fisch-Römertopf®

2

Wer gerne Fisch isst und mit dieser Garmethode zubereitet, sollte sich so eine Form zulegen. Somit ist gesichert, dass der Fischgeruch stets innerhalb der »eigenen Tonporen« verbleibt.

Bratapfel-Förmchen

3

Etwa 14 cm Ø, innen glasiert – und viel zu schade, um darin nur Bratäpfel zuzubereiten. Sie eignen sich gut für Suppen, Fisch oder süße Aufläufe, wobei jeder seine Portion im eigenen Förmchen serviert bekommt.

Neues Design

4

Der Handel bietet neuerdings auch moderne Tonformen an, z. B. die »Swing«-Kollektion. Ebenfalls neu: Töpfe mit Spieß, in denen gleichzeitig Gemüse und Fleisch- oder Fischspieße gegart werden können.

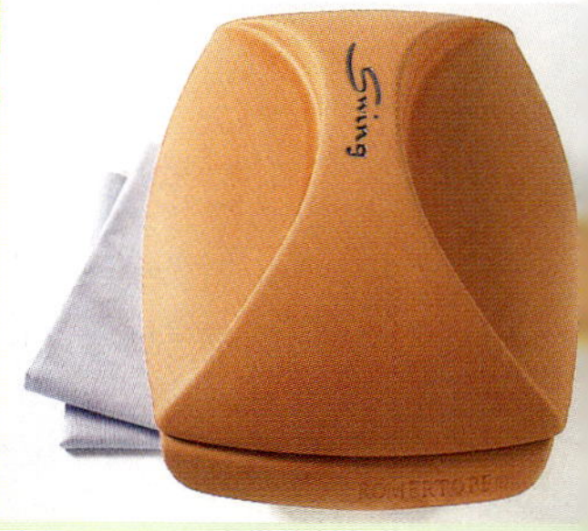

Kochen mit dem Römertopf®

1 | Vor dem Start – das Tauchbad

Vor jeder Benutzung muss der Römertopf® gewässert werden! Legen Sie Topf und Deckel dazu ineinander, so dass beide Teile vollständig mit kaltem Wasser bedeckt sind. Nun können sich die feinen Poren voll saugen, die dann während des Garens die Feuchtigkeit langsam wieder abgeben. In der Regel reichen 15 Min., bei großen Braten den Römertopf® aber lieber bis zu 1 Std. wässern.

2 | Der Tontopf liebt es zuerst kalt

Bitte stellen Sie Ihren Römertopf® ausschließlich und stets in den kalten Backofen!

1 *Das schonende Garen wird durch das Wässern unterstützt.*

Würden Sie ihn sofort in den heißen Ofen, auf eine heiße Herdplatte oder direkt auf Gas stellen, könnte der Ton unmittelbar springen. Je nach Größe und Höhe stellen Sie den geschlossenen Topf quer in die Mitte auf das Backofengitter, je nach Größe der Form auf der untersten oder der 2. Einschubleiste. Erst dann wird der Backofen auf die im Rezept angegebene Temperatur eingeschaltet. Bei einem Elektro- und Umluftherd können Sie sofort die angegebene Temperatur einschalten, da er sich langsam aufheizt. Bei einem sich rasch aufheizenden Gasherd stellen Sie zuerst Stufe 1–2 (150° bis 175°) ein und schalten dann nach 5 Min. auf die angegebene Temperatur hoch.

3 | Garzeiten im Römertopf®

Allgemein rechnet man beim Römertopf® mit 15–20 Min. mehr Garzeit als in herkömmlichen Brätern. Das verbraucht dennoch kaum mehr Energie, weil das Anbraten bei großer Hitze oft wegfällt.

2 *Ein Holzuntersetzer eignet sich als Unterlage für den heißen Römertopf®.*

4 | Mikrowelle – ja oder nein?

Für die Mikrowelle ist der klassische Römertopf® weniger geeignet, da hierbei das typische langsame Dampfgaren nicht möglich ist. Die Form darf vorher nicht gewässert werden, denn durch das aufgesogene Wasser würde die Form zu heiß und könnte springen. Der Handel bietet inzwischen aber spezielle mikrowellengeeignete Tonformen an.

5 | Servieren

Nehmen Sie die heiße Form mit zwei Topflappen aus dem Backofen und stellen Sie sie auf einem trockenen Tuch,

Holzbrett oder Kuchengitter ab. Niemals auf kalte oder nasse Unterlagen stellen! Durch die schockartige Temperaturänderung könnte der Römertopf® springen.

6 | So reinigen Sie den Römertopf®

Einen neuen Römertopf® sollten Sie zunächst in reichlich Wasser säubern, damit sich noch anhaftender Tonstaub (aus der Fabrikation) vollständig löst.
Mit der ersten Benutzung verfärbt sich der Römertopf® innen bräunlich und nach jedem Gebrauch verstärkt sich diese Verfärbung. Das ist völlig normal bei Ton, versuchen Sie also bitte nicht, diese »Patina« abzukratzen! Reinigen Sie den Römertopf® grundsätzlich mit heißem Wasser und einem Schwamm oder einer weichen Bürste. Um Fettreste zu entfernen, können Sie 1–2 Tropfen Spülmittel verwenden. Auf Scheuersand oder eine Metallbürste sollten Sie aber bitte unbedingt verzichten, das nähme Ihnen der Römertopf® übel. Die feinen Poren im Ton würden verstopfen und könnten kein Wasser mehr aufsaugen. Damit würde Ihre Form unbrauchbar! Auch bitte nicht in die Spülmaschine legen, die scharfen Reinigungsmittel beschädigen die Form.

3 *Den Tontopf mit einem weichen Schwamm reinigen.*

7 | Lästige Gerüche neutralisieren

Manche Gerichte mit Fisch oder Knoblauch hinterlassen ihren Geruch in der Tonform. Um auch die letzten Spuren davon zu entfernen, geben Sie einen Schuss Essig in das letzte Spülwasser. Die Form wird dadurch wieder frisch und geruchsfrei.

8 | Trocknen

Nach dem Spülen müssen Römertopf® und Deckel separat vollständig trocknen. Erst wenn beide Teile gut durchgetrocknet sind, können Sie den Deckel umgekehrt in die Form legen und bis zum nächsten Gebrauch an einem luftigen Platz aufbewahren.

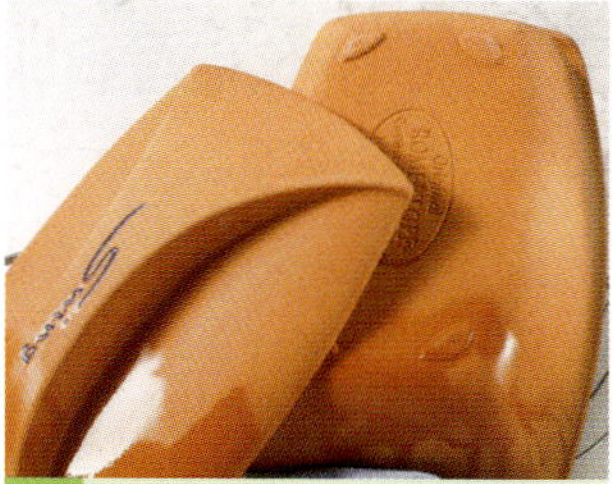

4 *Den Römertopf® immer offen lagern – nie in Tüten oder Ähnliches verpacken.*

9 | Runderneuerung

Haben Sie Ihren Römertopf® schon sehr häufig benutzt, gönnen Sie ihm eine »Generalüberholung«: einfach einen großen Topf mit Wasser füllen und die Tonform darin 30 Min. ohne weitere Zusätze bei geringer Hitze sanft auskochen. Alle Poren werden dadurch wieder frei und atmungsaktiv.

Fond und Saucen

Fischsud

1/2 l Wasser mit 100 ml Weißwein (oder 40 ml Essig), 1/2 TL Salz, 2 Prisen Zucker, 8 Pfefferkörnern, 2 Nelken, 1 Lorbeerblatt, 1 Zwiebel und etwas gewürfeltem Suppengemüse 30 Min. köcheln lassen. Anschließend durch ein feines Sieb gießen.
Für gedünsteten Fisch den Sud etwa 2 cm hoch in den Römertopf® füllen, den vorbereiteten Fisch einlegen und bei 180° etwa 35 Min. garen.
Für Fischragout eignen sich festfleischige Fische wie z. B. Aal, Kabeljau, Heilbutt, Rotbarsch, Seeteufel, Steinbeißer oder Tunfisch.

Meerrettichsauce

Für 4 Personen 200 g Sahne einige Min. einkochen lassen.
100 g Meerrettich (Glas), 100 g Sahnequark und 3 EL Schnittlauchröllchen unterrühren. Mit Zucker, Salz, Zitronensaft und weißem Pfeffer würzig abschmecken.
Oder 3 EL Mehl in 40 g heißer Butter anschwitzen. Unter Rühren mit 1/2 l Brühe ablöschen und sämig einkochen. 125 g Sahne einrühren, 10 Min. köcheln lassen. 1 Stück frischen Meerrettich schälen, fein reiben (ca. 1 1/2 EL) und unterrühren. Mit Zucker, Salz und Pfeffer abschmecken.

Himbeersauce

Für 4 Personen 500 g Himbeeren verlesen, ganz kurz in einem Sieb abbrausen. Mit 1 TL Zitronensaft und 50 g Puderzucker pürieren und durch ein Sieb streichen. Nach Belieben 2 EL Himbeergeist unterrühren.
Oder 1 Packung TK-Himbeeren (450 g) auftauen lassen. 50 g Puderzucker in einem Topf schmelzen, die Hälfte der Beeren hinzufügen und aufkochen lassen. Abkühlen lassen, durch ein Sieb streichen und die restlichen Himbeeren vorsichtig unter die Sauce mischen.

Aprikosensauce

1 kg frische Aprikosen kurz überbrühen und häuten. Entsteinen, klein schneiden und mit 125 g Zucker und 1/4 l Weißwein 20 Min. kochen lassen. Schale und Saft von 1/2 unbehandelten Zitrone untermischen.
Oder 1 Dose Aprikosen (820 g Inhalt) in einem Sieb abtropfen lassen. Mit dem Pürierstab (oder im Mixer) fein pürieren. Mit 100 g Zucker 10 Min. köcheln, dann abkühlen lassen. 1 TL abgeriebene unbehandelte Zitronenschale und nach Belieben 60 ml Aprikosenlikör unterrühren.

Beilagen

Rosmarinreis

2 Schalotten schälen, klein würfeln. Von 1 Rosmarinzweig die Nadeln abstreifen und fein hacken. 2 EL Butter in einem Topf erhitzen, Schalotten und Rosmarin darin anschwitzen. 200 g Risottoreis (z. B. Arborio) hinzufügen, 3 Min. andünsten. 1/2 l Hühnerbrühe dazugießen, salzen und pfeffern. Bei schwacher Hitze abgedeckt 20 Min. köcheln lassen.
Für **Kräuterreis** den Reis ohne Rosmarin garen. Zum Schluss gehackte Kräuter (Dill, Estragon, Petersilie, Kerbel) untermischen.

Petersilienkartoffeln

800 g kleine, vorwiegend fest kochende Kartoffeln waschen. In Salzwasser mit etwas Kümmel in 20–25 Min. weich garen. Ausdampfen lassen und pellen. 1–2 Bund Petersilie waschen, die Blättchen fein hacken.
Die Kartoffeln in 2 EL Butter in einer Pfanne goldgelb braten. Petersilie dazugeben, leicht salzen und kurz durchschwenken. Die Petersilienkartoffeln schmecken köstlich zu Geflügel- und Fleischgerichten. Zu Fisch passen auch **Dillkartoffeln**: Statt Petersilie reichlich gehackten Dill untermischen.

Kräuterkartoffeln

Den Römertopf® wässern. 1 kg mehlig kochende Kartoffeln schälen, waschen, würfeln und in den Römertopf® füllen. 3 Knoblauchzehen schälen, in dünne Scheiben schneiden und untermischen.
2–3 Rosmarinzweige, 2 Thymianzweige und 3 Salbeiblätter zwischen den Kartoffeln verteilen, salzen und pfeffern. Mit 5 EL Olivenöl beträufeln und zugedeckt im Backofen bei 200° (Umluft 180°) 1 Std. garen.
Die Kräuterkartoffeln passen gut zu Schweine- oder Lammbraten, aber auch zu Kurzgebratenem wie Lamm- oder Kalbskoteletts.

Ananas-Sauerkraut

Den Römertopf® wässern. 1 große Dose Sauerkraut (770 g) locker darin verteilen. 1 Apfel, 2 Schalotten und 1 walnussgroßes Stück Ingwer schälen, klein würfeln und untermengen. 1/4 l Weißwein (ersatzweise Orangensaft), 1 EL flüssigen Honig, etwas Salz und Pfeffer verrühren und zugießen. Zugedeckt bei 200° (Umluft 180°) 1 Std. garen.
1/2 Ananas schälen, das Fruchtfleisch klein würfeln und mit 100 g Crème fraîche unter das fertige Kraut mischen.
Passt ausgezeichnet zu Wild und Wildgeflügel.

Vor allem Gemüse

Ein Römertopf® verlangt geradezu nach Gemüse. Durch das sanfte und schonende Garen bleiben Vitamine und Nährstoffe weitgehend erhalten – für alle, die Wert auf eine gesunde Ernährung legen, also ideal. In diesem Kapitel finden Sie feine vegetarische Gerichte, dazu einige wie den Römertopf® provençal oder den Rosenkohlauflauf, bei denen sich Fleisch und Gemüse hinreißend ergänzen. Probieren Sie die Rezepte unbedingt auch mit anderen Gemüsesorten und Kräutern der Saison aus, Ihrer Fantasie sind keine Grenzen gesetzt!

Blitzrezepte

Spargel mit Kräutersauce

FÜR 4 PERSONEN

➤ **2 kg weißer Spargel | 1 EL Zucker Salz | 3 EL Zitronensaft | 1 EL Butter 150 g Frischkäse | 2 frische Eigelbe 200 g Sahne | 1–2 Bund gemischte Kräuter (Basilikum, Kerbel, Bärlauch)**

1 | Den Römertopf® wässern. Den Spargel schälen, waschen, holzige Enden entfernen. Mit 1/2 l Wasser, Zucker, 1/2 TL Salz und 2 EL Zitronensaft in die Form geben, die Butter darauf verteilen. Zugedeckt im Ofen bei 180° (Umluft 160°) 1 Std. garen.

2 | Frischkäse, Eigelbe, Sahne und restlichen Zitronensaft verrühren. Kräuter waschen, hacken und unterrühren. Mit neuen Kartoffeln zum Spargel servieren.

Kümmelkartoffeln mit Quark

FÜR 4 PERSONEN

➤ **12 mittelgroße, mehlig kochende Kartoffeln | 120 g Butter | 2–3 EL Kümmel | 1 Zwiebel | 1 Bund Schnittlauch 500 g Quark | Salz | Pfeffer**

1 | Den Römertopf® wässern. Die Kartoffeln gründlich waschen, halbieren. Mit der Schnittfläche nach oben in die Form setzen. Butter zerlassen, darüber träufeln. Mit Kümmel bestreuen, zugedeckt im Ofen bei 250° (Umluft 230°) 1 Std. garen.

2 | Zwiebel schälen und sehr fein hacken. Schnittlauch waschen und in Röllchen schneiden. Beides mit dem Quark verrühren, salzen und pfeffern. Kartoffeln salzen, mit dem Kräuterquark servieren.

kalorienarm

Gemüsetopf

FÜR 4 PERSONEN

- **3 Zwiebeln**
- **4 Knoblauchzehen**
- **je 1 rote, grüne und gelbe Paprikaschote**
- **3 Tomaten**
- **2 Zucchini**
- **3 Stangen Staudensellerie**
- **3 Möhren**
- **Salz | Pfeffer**
- **1 Bund gemischte Kräuter**
- **5 EL Olivenöl**

Zubereitung: 30 Min.
Garzeit: 55 Min.
Pro Portion ca.: 190 kcal

1 | Den Römertopf® wässern. Zwiebeln und Knoblauch schälen und grob hacken. Die Paprikaschoten putzen, waschen und in Streifen schneiden. Die Tomaten waschen und vierteln. Zucchini, Sellerie und Möhren putzen, waschen und in Scheiben schneiden.

2 | Das Gemüse bunt gemischt im Römertopf® verteilen, salzen und pfeffern. Kräuterzweige waschen und dazwischen legen. Alles mit dem Olivenöl beträufeln. Zugedeckt im Ofen bei 200° (Umluft 180°) 55 Min. garen.

Beilagen: Baguette, Grillhähnchen, Lammkoteletts

TIPP Das Gemüse schmeckt auch kalt sehr gut. Und mit frischen Kräutern (Majoran, Thymian, Rosmarin) niemals sparen!

gelingt leicht | herzhaft

Gemüseauflauf

FÜR 4 PERSONEN

- **1 kg Wirsing**
- **1 Bund junge Möhren**
- **600 g fest kochende Kartoffeln**
- **3 Stangen Lauch**
- **500 g Schweinegulasch**
- **4 EL Öl**
- **je 1/2 TL Koriander- und Kümmelpulver**
- **Salz | Pfeffer**
- **1 Dose geschälte Tomaten (800 g)**

Zubereitung: 55 Min.
Garzeit: 1 Std. 30 Min.
Pro Portion ca.: 440 kcal

1 | Den Römertopf® wässern. Den Wirsing vierteln und den Strunk entfernen, die Blätter waschen und grob zerschneiden. Möhren und Kartoffeln schälen, waschen und in Scheiben schneiden. Lauch putzen und gründlich waschen, in Ringe schneiden.

2 | Das Fleisch mit dem Öl vermischen und mit dem Koriander, dem Kümmel, Salz und Pfeffer würzen.

3 | Gemüse, Fleisch und Tomaten lagenweise in den Römertopf® schichten, jede Lage salzen und pfeffern. Mit Kartoffeln abschließen. Zugedeckt bei 200° (Umluft 180°) 1 Std. 30 Min. garen.

TIPP Vegetarier können das Schweinefleisch z. B. durch 250 g geputzte Shiitake-Pilze oder 400 g Tofu ersetzen.

im Bild vorne: **Gemüsetopf** *im Bild hinten:* **Gemüseauflauf**

Spezialität aus Frankreich

Römertopf® provençal

FÜR 6 PERSONEN

- 800 g Lammfleisch (Keule, Schulter)
- Salz | Pfeffer
- 3 EL Kräuter der Provence
- 5 EL Olivenöl
- 1/2 Knolle Knoblauch
- je 800 g Tomaten und Zwiebeln
- je 600 g Auberginen und Zucchini
- 2 Zweige Rosmarin

Zubereitung: 1 Std.
Garzeit: 1 Std. 30 Min.
Pro Portion ca.: 445 kcal

1 | Den Römertopf® wässern. Vom Lamm Haut, Fett und Sehnen entfernen, das Fleisch in kleine Würfel schneiden. Mit Salz, Pfeffer, 1 TL Kräutern und 1 EL Öl marinieren.

2 | Den Knoblauch schälen und hacken. Die Tomaten waschen, die Zwiebeln schälen und beides vierteln. Die Auberginen und Zucchini waschen, putzen und in Würfel schneiden.

3 | Lagenweise bunt gemischtes Gemüse und Fleisch in die Form schichten, jeweils mit Salz, Pfeffer und Kräutern würzen. Mit dem restlichen Olivenöl beträufeln, die Rosmarinzweige darauf legen. Zugedeckt bei 200° (Umluft 180°) 1 Std. 30 Min. garen.

- Beilage: Baguette
- Getränk: französischer Rotwein

preiswert

Blumenkohl mit Tomaten

FÜR 4 PERSONEN

- 1 großer Blumenkohl
- 6 Fleischtomaten
- 3 Zwiebeln
- 3 Knoblauchzehen
- 4 EL Olivenöl
- 100 ml Weißwein (ersatzweise Brühe)
- Salz | Pfeffer
- Muskatnuss, frisch gerieben
- 1 Bund Kräuter (Petersilie, Basilikum, Estragon)

Zubereitung: 50 Min.
Garzeit: 45 Min.
Pro Portion ca.: 160 kcal

1 | Den Römertopf® wässern. Den Blumenkohl putzen, in Röschen teilen und waschen. Die Tomaten überbrühen, häuten und vierteln. Zwiebeln und Knoblauch schälen und grob hacken.

2 | In einer großen Pfanne das Öl erhitzen, Zwiebeln und Knoblauch leicht anbraten. Blumenkohlröschen 3 Min. mitbraten.

3 | In den Römertopf® füllen, die Tomaten verteilen, Wein angießen und mit Salz, Pfeffer und Muskat würzen. Zugedeckt bei 200° (Umluft 180°) 45 Min. garen. Die Kräuter waschen und trockenschütteln. Die Blättchen hacken und vor dem Servieren darüber streuen.

TIPP Tomaten aus der Dose nehmen und 200 g saure Sahne untermischen.

im Bild vorne: **Blumenkohl mit Tomaten** *im Bild hinten:* **Römertopf® provençal**

kalorienarm

Gemüsereis mit Austernpilzen

FÜR 4 PERSONEN

- 2 Möhren
- 1 Stange Lauch
- 250 g Austernpilze
- 2 EL Butter
- Salz | Pfeffer
- 400 g Rundkorn-Naturreis
- 1 1/2 l Gemüsebrühe (Instant)
- 1/2 TL gemahlener Kreuzkümmel
- Cayennepfeffer
- 1 gespickte Zwiebel (Seite 49)
- 2 EL gehackte Petersilie

Zubereitung: 40 Min.
Garzeit: 45 Min.
➤ Pro Portion ca.: 500 kcal

1 | Den Römertopf® wässern. Die Möhren schälen und klein würfeln. Den Lauch putzen, waschen und bis zum hellgrünen Teil in Ringe schneiden. Die Austernpilze putzen und in schmale Streifen schneiden. 1 EL Butter in einer Pfanne erhitzen, die Pilze darin 2 Min. anbraten, salzen und pfeffern.

2 | Reis, Gemüse und Pilze im Römertopf® verteilen. Brühe zugießen, mit Kreuzkümmel, Salz und Cayennepfeffer würzen. Die gespickte Zwiebel einlegen. Zugedeckt im Ofen bei 200° (Umluft 180°) 35 Min. garen.

3 | Den Deckel entfernen. Restliche Butter untermischen, mit Petersilie bestreuen. In 10 Min. offen fertig garen.

TIPPS
Über jede Portion etwas Parmesan hobeln. Statt der Austernpilze Egerlinge verwenden.

schmeckt auch kalt

Pikantes Bohnengemüse

FÜR 4 PERSONEN

- 800 g flache, breite grüne Bohnen
- 2 Zwiebeln
- 4 Knoblauchzehen
- 1 rote Chilischote
- 1 Dose geschälte Tomaten (800 g)
- Salz | Pfeffer
- 2 TL Zucker
- 6 EL Olivenöl
- 1 Bund Petersilie

Zubereitung: 40 Min.
Garzeit: 55 Min.
➤ Pro Portion ca.: 260 kcal

1 | Den Römertopf® wässern. Die Bohnen putzen, waschen und in etwa 4 cm lange Stücke schneiden. Zwiebeln und Knoblauch schälen und grob hacken. Die Chilischote waschen, putzen und in Ringe schneiden.

2 | Bohnen, Zwiebeln, Knoblauch und Chili mit den Tomaten samt Saft in den Römertopf® füllen. Mit Salz, Pfeffer und Zucker würzen. 100 ml Wasser angießen und alles mit dem Öl beträufeln. Zugedeckt im Ofen bei 200° (Umluft 180°) 55 Min. garen.

3 | Die Petersilie waschen und trockenschütteln, die Blättchen hacken und vor dem Servieren über die fertigen Bohnen streuen.

➤ Beilagen: Salzkartoffeln, Grillfleisch oder Fisch

im Bild vorne: Pikantes Bohnengemüse *im Bild hinten:* Gemüsereis mit Austernpilzen ➤

gut vorzubereiten

Rosenkohl-auflauf

FÜR 4 PERSONEN

- 1 kg Rosenkohl | Salz
- 2 altbackene Brötchen
- 2 Zwiebeln
- 500 g gemischtes Hackfleisch
- 2 Eier | 1 TL Senf
- je 1 TL Kümmel, Thymian, Paprikapulver, Pfeffer
- Muskatnuss, frisch gerieben
- 4 EL Semmelbrösel
- 3 EL Butter

Zubereitung: 50 Min.
Garzeit: 1 Std. 15 Min.
➤ Pro Portion ca.: 605 kcal

1 | Den Römertopf® wässern. Den Rosenkohl putzen. In kochendem Salzwasser 5 Min. blanchieren, abgießen und abtropfen lassen.

2 | Die Brötchen einweichen. Zwiebeln schälen und klein würfeln. Das Hackfleisch mit Zwiebeln, Eiern und den ausgedrückten Brötchen verkneten, mit den Gewürzen pikant abschmecken.

3 | Die Hälfte des Rosenkohls in die Form geben. Mit Muskat und Pfeffer würzen, die Hälfte der Hackfleischmasse darauf verteilen. Restlichen Rosenkohl darauf legen, würzen und mit dem übrigen Hackfleisch bedecken.

4 | Den Auflauf mit Semmelbröseln bestreuen und mit Butterflöckchen belegen. Bei 200° im Ofen (Umluft 180°) 1 Std. 15 Min. garen.

➤ Beilage: Kartoffelpüree

preiswert

Nudelauflauf mit Gemüse

FÜR 4 PERSONEN

- 250 g Hörnchennudeln
- 300 g Zucchini
- 200 g Champignons
- 40 g Butter
- 300 g TK-Erbsen
- 100 g Gouda, frisch gerieben
- 1/4 l Milch
- 4 Eier
- Muskatnuss, frisch gerieben
- Salz | Pfeffer

Zubereitung: 40 Min.
Garzeit: 1 Std.
➤ Pro Portion ca.: 590 kcal

1 | Den Römertopf® wässern. Die Nudeln in Salzwasser bissfest kochen. Abgießen, kalt abbrausen und gut abtropfen lassen.

2 | Zucchini und Pilze putzen und würfeln. Die Form mit etwas Butter ausstreichen, abwechselnd Nudeln, Zucchini, Champignons und Erbsen einschichten, mit Nudeln abschließen.

3 | Käse, Milch und Eier verquirlen. Pikant mit Pfeffer, Muskat und Salz würzen und über den Auflauf gießen. Restliche Butter in Flöckchen darauf verteilen. Zugedeckt im Ofen bei 200° (Umluft 180°) 40 Min. backen.

4 | Den Deckel abnehmen. Offen noch 10 Min. backen, bis die Oberfläche schön gebräunt ist.

im Bild vorne: **Rosenkohlauflauf** *im Bild hinten:* **Nudelauflauf mit Gemüse** ➤

gelingt leicht

Gefüllte Paprikaschoten

FÜR 4 PERSONEN

- 60 g Langkornreis
- 8 kleine grüne Paprikaschoten
- 100 g Schafkäse
- 250 g geräucherter Tofu
- 1 Zwiebel
- 2 Knoblauchzehen
- 1 Ei
- 3 EL gehackte Petersilie
- 1 TL Paprikapulver
- Salz | Pfeffer

Zubereitung: 50 Min.
Garzeit: 1 Std. 15 Min.
Pro Portion ca.: 220 kcal

1 | Den Römertopf® wässern. Reis in Salzwasser 8 Min. vorgaren und abgießen.

2 | Die Paprikaschoten waschen, oben einen Deckel abschneiden und beiseite legen, Trennwände und Kerne vorsichtig entfernen.

3 | Käse und geräucherten Tofu klein würfeln. Zwiebel und Knoblauch schälen und fein hacken. Alles mit dem Reis, dem Ei und der Petersilie vermengen. Mit Paprika, Salz und Pfeffer würzen.

4 | Die Paprikaschoten füllen, die Deckel auflegen. In die Form geben und zugedeckt im Ofen bei 200° (Umluft 180°) 1 Std. 15 Min. garen.

TIPP Fleischliebhaber können den Tofu durch 350 g Lammhackfleisch ersetzen.

raffiniert

Gefüllte Kohlrabi

FÜR 4 PERSONEN

- 4 junge Kohlrabi
- 1 Zwiebel
- 150 g Champignons
- 100 g Shiitake-Pilze
- 2 EL Butter
- Salz | Pfeffer
- Muskatnuss, frisch gerieben
- 1 Ei
- 2 EL Crème fraîche

Zubereitung: 1 Std. 15 Min.
Garzeit: 1 Std.
Pro Portion ca.: 205 kcal

1 | Den Römertopf® wässern. Die Kohlrabi putzen und schälen, zarte Blättchen aufheben. Oben einen Deckel abschneiden und beiseite legen, Kohlrabi mit einem Kugelausstecher aushöhlen.

2 | Für die Füllung etwa 2/3 des Kohlrabifleisches fein hacken. Die Zwiebel schälen und klein würfeln. Champignons putzen und fein hacken. Von den Shiitake-Pilzen die Stiele entfernen, die Pilze hacken. Die Butter erhitzen, erst Zwiebelwürfel, dann Pilze darin anschwitzen. Gehackte Kohlrabi untermengen, mit Salz, Pfeffer und Muskat würzen.

3 | Die Pilz-Kohlrabi-Masse mit dem Ei und der Crème fraîche vermischen und in die ausgehöhlten Kohlrabi füllen. Die Deckel auflegen, die Kohlrabi in den Römertopf® setzen. Zugedeckt im Ofen bei 200° (Umluft 180°) 1 Std. garen. Die Blättchen hacken und darüber streuen.

TIPP Wer mag, gibt statt der Shiitake-Pilze 100 g gewürfelten Schinken in die Füllung.

im Bild vorne: Gefüllte Kohlrabi *im Bild hinten:* Gefüllte Paprikaschoten

Saftig und zart: Fisch

Durch das schonende Dampfgaren im Römertopf® gelingt Ihnen garantiert jedes Fischgericht – gleich ob Sie Fischfilet oder ganze Fische, Süßwasser- oder Seefisch verwenden. Und wenn Sie frische Kräuter mit dazu oder direkt in den Fischbauch legen, entsteht ein köstliches Aroma. Als feine Würze sind zum Beispiel Petersilie, Dill, Estragon oder, für die Liebhaber der »asiatischen Petersilie«, frischer Koriander bestens geeignet.

Blitzrezepte

Fischgulasch

FÜR 4 PERSONEN

➤ 500 g Fischfilet (z. B. Tunfisch, Seelachs) | 3 EL Zitronensaft | Salz | Pfeffer | 3 Zwiebeln | 1 Dose Tomaten (400 g) | 1/4 l Weißwein (ersatzweise Gemüsefond aus dem Glas) | 3 EL Butter

1 | Den Römertopf® wässern. Den Fisch waschen und mit Küchenpapier abtrocknen. In Würfel schneiden und mit Zitronensaft, Salz und Pfeffer würzen.

2 | Die Zwiebeln schälen und würfeln. Tomaten, Zwiebeln und Fisch in der Form verteilen. Den Wein zugießen und das Fischgulasch mit Butterflöckchen belegen. Zugedeckt im Ofen bei 180° (Umluft 160°) 50 Min. garen.

Lachs mit Fenchel

FÜR 4 PERSONEN

➤ 4 Lachskoteletts (à etwa 150 g) | 4 EL Zitronensaft | Salz | Pfeffer | 3–4 Fenchelknollen (etwa 600 g) | 4 EL Olivenöl | 200 ml Fischfond (aus dem Glas oder Fischsud, S. 8)

1 | Den Römertopf® wässern. Lachskoteletts waschen und mit Küchenpapier abtrocknen. Mit dem Zitronensaft beträufeln, salzen und pfeffern.

2 | Den Fenchel waschen, putzen und halbieren. In Scheiben schneiden und in den Römertopf® füllen. Salzen und pfeffern. Den Lachs darauf legen, mit Öl beträufeln, Fond zugießen. Zugedeckt bei 180° (Umluft 160°) 50 Min. garen.

herzhaft | gelingt leicht

Bunter Fischeintopf

FÜR 4 PERSONEN

- **500 g Kartoffeln**
- **2 Zwiebeln**
- **350 g grüne Bohnen**
- **Salz | Pfeffer**
- **1 TL Kräuter der Provence**
- **1/4 l Fischsud (Seite 8, ersatzweise Gemüsebrühe)**
- **600 g Kabeljaufilet**
- **3 EL Zitronensaft**
- **500 g Tomaten**

Zubereitung: 1 Std.
Garzeit: 1 Std. 10 Min.
➤ Pro Portion ca.: 225 kcal

1 | Den Römertopf® wässern. Die Kartoffeln schälen, waschen und würfeln. Die Zwiebeln schälen, halbieren und in Spalten schneiden. Die Bohnen putzen, waschen und in Stücke schneiden.

2 | Kartoffeln, Zwiebeln und Bohnen in der Form verteilen, mit Salz, Pfeffer und Kräutern würzen. Den Fischsud zugießen. Den Eintopf zugedeckt bei 200° (Umluft 180°) 50 Min. garen.

3 | Inzwischen den Fisch waschen und mit Küchenpapier abtrocknen. In Stücke schneiden, mit Zitronensaft, Salz und Pfeffer würzen. Die Tomaten kurz überbrühen, häuten und achteln.

4 | Den Römertopf® öffnen, Fisch und Tomaten hinzufügen und den Eintopf in 20 Min. fertig garen.

TIPP
Auf jede Portion 1 TL Crème fraîche setzen und mit gehacktem Dill bestreuen.

für Gourmets

Muscheln im Weinsud

FÜR 4 PERSONEN

- **2 kg Miesmuscheln**
- **2 Bund Suppengrün**
- **3 Zwiebeln**
- **250 g Champignons**
- **3 EL Olivenöl**
- **1/2 l trockener Weißwein**
- **2 Lorbeerblätter**
- **je 1/2 TL getrockneter Oregano und Thymian**
- **Salz | Pfeffer**
- **Cayennepfeffer**

Zubereitung: 40 Min.
Garzeit: 40 Min.
➤ Pro Portion ca.: 270 kcal

1 | Den Römertopf® wässern. Die Muscheln gründlich waschen und abbürsten, geöffnete oder beschädigte Exemplare wegwerfen. Das Suppengrün putzen, waschen und klein schneiden. Zwiebeln schälen und würfeln. Champignons putzen und vierteln.

2 | Öl in einer Pfanne erhitzen, Gemüse und Pilze kurz darin andünsten. Den Wein zugießen, Lorbeerblätter und Kräuter hinzufügen und kräftig mit Salz, Pfeffer und Cayennepfeffer würzen.

3 | Gemüse und Muscheln im Römertopf® verteilen, die Form schließen und im Ofen bei 220° (Umluft 200°) 35–40 Min. garen, bis sich die Muscheln geöffnet haben. Jetzt noch geschlossene Muscheln ebenfalls wegwerfen, sie könnten verdorben sein.

➤ Beilage: Baguette

im Bild vorne: **Bunter Fischeintopf** *im Bild hinten:* **Muscheln im Weinsud** ➤

für Gäste | gelingt leicht

Saiblinge in Estragonrahm

FÜR 6 PERSONEN

- **2 küchenfertige Saiblinge (je etwa 750 g, ersatzweise Lachsforellen)**
  Salz | weißer Pfeffer
  4 EL Zitronensaft
  2 Bund frischer Estragon
  500 g Lauch
  4 EL Butter
  400 g Sahne

Zubereitung: 30 Min.
Garzeit: 1 Std.
- Pro Portion ca.: 400 kcal

1 | Den Römertopf® wässern. Die Fische innen und außen gründlich waschen und mit Küchenpapier abtrocknen. Innen und außen mit Salz, Pfeffer und Zitronensaft würzen. In jeden Fischbauch 2 Estragonzweige legen.

2 | Den Lauch putzen und waschen. Bis zum hellgrünen Teil in Ringe schneiden. 2 EL Butter in einem Topf erhitzen, den Lauch darin glasig andünsten. Den restlichen Estragon hacken.

3 | Den Lauch im Römertopf® verteilen, die Sahne zugießen und leicht mit Salz und Pfeffer würzen. Saiblinge darauf setzen, restliche Butter in Flöckchen darüber geben und mit dem gehackten Estragon bestreuen. Zugedeckt im Ofen bei 200° (Umluft 180°) 1 Std. garen.

- Beilagen: Reis oder Petersilienkartoffeln (Seite 9) und Blattsalate
- Getränk: trockener Weißwein

Klassiker

Forellen in Riesling

FÜR 4 PERSONEN

- **4 kleine küchenfertige Forellen (je etwa 180 g)**
  1 unbehandelte Zitrone
  150 g Schalotten
  1 Bund Petersilie
  1 Bund Dill
  Salz | weißer Pfeffer
  1/4 l Riesling
  50 g Butter

Zubereitung: 30 Min.
Garzeit: 50 Min.
- Pro Portion ca.: 250 kcal

1 | Den Römertopf® wässern. Die Forellen waschen und mit Küchenpapier abtrocknen. Die Zitrone waschen. Mit einem Zestenreißer die Schale ablösen, den Saft auspressen. Die Schalotten schälen. Petersilie und Dill kurz abbrausen und trockenschütteln.

2 | Die Forellen innen und außen mit Zitronensaft beträufeln, salzen und pfeffern. In jede Bauchöffnung Petersilie und Dill stecken.

3 | Die Fische nebeneinander in den Römertopf® setzen. Schalotten und Zitronenschale darum herum verteilen, den Wein zugießen. Die Butter in einem Pfännchen mit 2 Prisen Salz leicht anbräunen, die Forellen mit einem Küchenpinsel damit bestreichen. Zugedeckt im Ofen bei 180° (Umluft 160°) 50 Min. garen.

- Beilagen: Dillkartoffeln (Seite 9) und Meerrettichsauce (Seite 8)

im Bild vorne: **Forellen in Riesling** *im Bild hinten:* **Saiblinge in Estragonrahm** ➤

für Gäste | raffiniert

Seelachsröllchen

FÜR 4 PERSONEN

- **200 g geschälte rohe Garnelen**
  2 Knoblauchzehen
  1 Bund Petersilie
  1 Zitrone
  8 sehr dünne Seelachsfilets (ca. 750 g)
  Salz | Pfeffer
  je 1 Möhre, Lauchstange und Fenchelknolle
  3 EL Öl
  8 dünne Scheiben Speck
  1 1/2 EL mittelsch. Senf
  1/4 l Weißwein (ersatzweise Gemüsebrühe)
  100 g Crème fraîche
  Holzspießchen

Zubereitung: 1 Std.
Garzeit: 45 Min.
- Pro Portion ca.: 575 kcal

1 | Den Römertopf® wässern. Die Garnelen kurz abbrausen, abtropfen lassen und in eine Schüssel geben. Knoblauch schälen und dazupressen. Petersilie waschen, hacken, hinzufügen. Zitrone auspressen, 3 EL Saft untermischen.

2 | Die Fischfilets waschen und abtrocknen. Mit dem restlichen Zitronensaft beträufeln, salzen und pfeffern. Das Gemüse putzen, waschen und klein schneiden.

3 | Das Öl erhitzen, die Speckscheiben kurz darin anbraten, herausheben. In dem Bratfett das Gemüse etwa 3 Min. andünsten, salzen und pfeffern, im Römertopf® verteilen.

4 | Jede Fischinnenseite mit Senf bestreichen und mit 1 Speckscheibe belegen. Filets aufrollen und mit Holzspießchen zustecken. Die Röllchen mit der Öffnung nach oben auf das Gemüse setzen, die Garnelen dazwischen verteilen. Wein zugießen, zugedeckt im Ofen bei 180° (Umluft 160°) 45 Min. garen.

5 | Die Seelachsröllchen auf angewärmte Teller geben. Die Crème fraîche unter das Gemüse mischen und dazu reichen.

- Beilage: Basmati- oder Wildreis
- Getränk: trockener Weißwein

1 **Garnelen**
Knoblauch, Petersilie und Zitronensaft untermischen und durchziehen lassen.

2 **Seelachsröllchen**
Fischfilets mit Senf bestreichen, mit Speck belegen. Fest aufrollen und zustecken.

3 **Im Gemüsebett**
Fischröllchen aufrecht auf das Gemüse setzen, marinierte Garnelen dazwischen verteilen.

raffiniert | exotisch

Fischcurry

FÜR 2 KLEINE PORTIONS-RÖMERTÖPFCHEN

- **300 g Fischfilet (z. B. Seelachs, Rotbarsch)**
- **1 Stück frischer Ingwer**
- **2 Knoblauchzehen**
- **2 Frühlingszwiebeln**
- **2 EL helle Sojasauce**
- **2 EL Zitronensaft**
- **je 2 Prisen Nelken-, Zimt-, Chili-und Korianderpulver**
- **1 EL Curry**
- **Salz | Pfeffer**
- **100 g kleine Champignons**
- **8 EL Kokosmilch (Dose)**

Zubereitung: 50 Min.
Garzeit: 45 Min.
➤ Pro Portion ca.: 155 kcal

1 | Portionsförmchen wässern. Das Fischfilet in mundgerechte Stücke schneiden.

2 | Ingwer und Knoblauch schälen, beides fein hacken. Frühlingszwiebeln putzen, waschen und in feine Ringe schneiden (grüne Teile beiseite legen). Alles unter den Fisch mischen. Mit Sojasauce, Zitronensaft, den Gewürzen, Salz und Pfeffer würzen.

3 | Die Pilze putzen und mit dem Fisch in die Förmchen füllen. Die Kokosmilch mit 1–2 EL Wasser verdünnen und dazugeben. Die Deckel auf die Förmchen setzen und im Ofen bei 180° (Umluft 160°) 45 Min. garen.

4 | Etwas von dem Grün der Frühlingszwiebeln in feinste Ringe schneiden und über das fertige Curry streuen.

➤ Beilage: Safranreis oder Risi-Pisi (Reis mit Erbsen und gehackter Petersilie)

kalorienarm | asiatisch

Exotisches Fischfilet

FÜR 4 PERSONEN

- **20 g getrocknete Mu-Err-Pilze**
- **800 g Kabeljaufilets**
- **1 großes Stück frischer Ingwer**
- **3 Knoblauchzehen**
- **4 EL Sojasauce**
- **3 EL Zitronensaft**
- **Salz | Pfeffer**
- **3 Stangen Lauch**
- **2 große Möhren**
- **30 g Butter**
- **1/2 Bund frischer Koriander**

Zubereitung: 50 Min.
Garzeit: 45 Min.
➤ Pro Portion ca.: 250 kcal

1 | Den Römertopf® wässern. Die Pilze in kaltem Wasser einweichen. Fischfilets waschen, abtrocknen und in etwa 3 cm breite Stücke schneiden. Ingwer und Knoblauch schälen, durchpressen und mit Sojasauce und Zitronensaft vermischen. Den Fisch salzen, pfeffern und mit der Marinade beträufeln.

2 | Den Lauch putzen und waschen, den hellen Teil in Ringe schneiden. Möhren schälen, in dünne Streifen schneiden. Pilze abtropfen lassen, etwas klein schneiden.

3 | Fisch, Gemüse und Pilze im Römertopf® verteilen. Butter in Flöckchen dazwischensetzen. Zugedeckt bei 200° (Umluft 180°) 45 Min. garen. Mit Korianderblättchen bestreut servieren.

➤ Beilagen: Reis, Reisnudeln oder Kartoffeln

im Bild vorne: **Exotisches Fischfilet** *im Bild hinten:* **Fischcurry** ➤

Fleisch und Geflügel

Bekanntlich fängt gutes Essen mit dem Einkaufen an. Qualität ist wichtig, es müssen aber nicht immer die teuersten Stücke sein. Ganz gleich, ob Sie Geflügel, Schwein, Rind, Kalb, Lamm oder Wild zubereiten möchten – im Römertopf® schmort das Fleisch ganz langsam im eigenen Saft und wird dabei butterzart. Die sog. »Blitzrezepte« sind daher natürlich nicht blitzschnell auf dem Tisch, aber sie machen kaum Arbeit, und während das Szegediner Gulasch oder die Hähnchenkeulen sanft ihrer Vollendung entgegenschmoren, sind Sie frei für andere Dinge.

Blitzrezepte

Szegediner Gulasch

FÜR 4 PERSONEN

➤ **600 g Schweinegulasch | Salz | Pfeffer 1 EL rosenscharfes Paprikapulver 1 TL Kümmel | 3 Zwiebeln | 3 Knoblauchzehen | 1 Dose Sauerkraut (520 g) 150 g saure Sahne | 1 TL Mehl**

1 | Den Römertopf® wässern. Gulasch mit Salz, Pfeffer, Paprika und Kümmel würzen. Zwiebeln und Knoblauch schälen und in Scheiben schneiden. Abwechselnd Fleisch, Sauerkraut, Zwiebeln und Knoblauch in die Form schichten, 1/4 l Wasser angießen. Zugedeckt im Ofen bei 200° (Umluft 180°) 1 Std. 30 Min. garen.

2 | Sahne mit Mehl verrühren, unter das Gulasch rühren, noch 5 Min. in den Ofen stellen. Mit Salzkartoffeln servieren.

Hähnchenkeulen

FÜR 2 PERSONEN

➤ **2 große Möhren | 1 Stange Lauch 200 g Champignons | 2 Hähnchenkeulen | Salz | Pfeffer | 1 TL rosenscharfes Paprikapulver | 200 g saure Sahne | 4 EL Brühe | 2 EL geh. Petersilie**

1 | Römertopf® wässern. Möhren schälen und in Scheiben schneiden. Lauch putzen, waschen und bis zum grünen Teil in Ringe schneiden. Pilze putzen und vierteln. Das Gemüse in den Römertopf® füllen.

2 | Hähnchenkeulen mit Salz, Pfeffer und Paprika würzen, in das Gemüsebett drücken. Sahne und Brühe angießen. Im Ofen zugedeckt bei 200° (Umluft 180°) 1 Std. 5 Min. garen, dann 10 Min. ohne Deckel bräunen. Mit Petersilie bestreuen.

scharf

Knoblauchhähnchen

FÜR 4 PERSONEN

- 1 Poularde (etwa 1,4 kg)
- 4 EL Olivenöl
- 4 EL Cognac (ersatzweise Apfelsaft)
- Salz | Pfeffer
- 1 Knolle Knoblauch
- 3 rote Chilischoten
- 1 Bouquet garni (siehe Seite 38, Tipp)
- 1/4 l Geflügelbrühe (Instant)
- 400 g Kartoffeln
- 300 g Tomaten
- 125 g gefüllte grüne Oliven

Zubereitung: 45 Min.
Garzeit: 1 Std. 20 Min.
Pro Portion ca.: 635 kcal

1 | Den Römertopf® wässern. Die Poularde in 8–10 Teile zerlegen. Öl mit Cognac, Salz und Pfeffer verrühren und die Teile damit bestreichen.

2 | Den Knoblauch schälen. Die Chilis waschen und in Ringe schneiden, dabei – je nach gewünschter Schärfe – die Kerne entfernen. Die Hähnchenteile, Knoblauch, Chilis und Kräuter im Topf verteilen. Brühe zugießen, zugedeckt im Ofen bei 220° (Umluft 200°) 1 Std. garen.

3 | Inzwischen die Kartoffeln schälen, waschen und klein würfeln. 10 Min. in Salzwasser garen, danach durch ein Sieb abgießen. Die Tomaten in Scheiben schneiden.

4 | Kartoffeln, Tomaten und Oliven in den Topf geben, salzen und pfeffern. In 20 Min. offen fertig garen.

Spezialität aus Frankreich

Normannisches Hähnchen

FÜR 4 PERSONEN

- 1 Poularde (etwa 1,4 kg)
- Salz | Pfeffer
- 3 Äpfel (z. B. Boskop)
- 1 Zweig Rosmarin
- 2 Orangen
- 4 Schalotten
- 3 EL Butter
- 1/4 l Cidre (ersatzweise Apfelsaft)
- 2 cl Calvados (nach Belieben)
- 100 g saure Sahne

Zubereitung: 50 Min.
Garzeit: 1 Std. 35 Min.
Pro Portion ca.: 470 kcal

1 | Den Römertopf® wässern. Die Poularde waschen und abtrocknen. Innen und außen salzen und pfeffern. 1 Apfel und den Rosmarinzweig in den Bauch legen. Orangen auspressen. Schalotten schälen und halbieren. 1 Apfel schälen, das Kerngehäuse entfernen, den Apfel in kleine Stücke schneiden.

2 | Poularde in die Form geben, mit Schalotten und Apfelstücken umlegen. 2 EL Butter mit 1 Prise Salz leicht anbräunen, die Poularde damit bestreichen. Orangensaft und Cidre zugießen. Zugedeckt im Ofen bei 220° (Umluft 200°) 1 Std. 35 Min. garen.

3 | Den dritten Apfel schälen und in dünne Spalten schneiden. In der restlichen Butter anbraten, mit Calvados ablöschen. Das Hähnchen tranchieren. Die Sahne unter den Bratensaft rühren. Die Poularde mit Sauce und Calvadosäpfeln servieren. Dazu passt Rosmarinreis (Seite 9).

im Bild vorne: **Normannisches Hähnchen** *im Bild hinten:* **Knoblauchhähnchen**

gut vorzubereiten

Gefüllte Putenröllchen

FÜR 4 PERSONEN

- **4 Putenschnitzel (je 200 g)**
1 Bund frische gemischte Kräuter
3 Knoblauchzehen
8 EL Öl
Salz | Pfeffer
Cayennepfeffer
2 Dosen geschälte Tomaten (je 800 g)
2 Zwiebeln
1 1/2 TL Zucker
8 dünne Scheiben Räucherspeck (etwa 100 g)
200 g Schafkäse
100 g Crème fraîche
Holzspießchen

Zubereitung: 1 Std.
Garzeit: 1 Std. 10 Min.
- Pro Portion ca.: 825 kcal

1 | Den Römertopf® wässern. Die Schnitzel flach klopfen, halbieren. Kräuter waschen, fein hacken. Knoblauch schälen und durchpressen. Beides mit 6 EL Öl verrühren, mit Salz, Pfeffer und Cayennepfeffer würzen. Die Schnitzel damit bestreichen und zusammenklappen.

2 | Tomaten abtropfen lassen und grob zerteilen. Zwiebeln schälen und würfeln. Restliches Öl in einem Topf erhitzen, die Zwiebeln andünsten. Tomaten dazugeben, mit Salz, Pfeffer und Zucker pikant abschmecken.

3 | Die Fleischscheiben aufklappen, mit je 1 Speckscheibe belegen. Schafkäse dünn aufschneiden und darauf verteilen. Zu Rouladen aufrollen und mit Holzspießchen feststecken.

4 | Tomatensauce in den Römertopf® füllen, die Putenröllchen hineinlegen. Die Form schließen und im Ofen bei 220° (Umluft 200°) 1 Std. garen.

5 | Den Deckel abnehmen, auf jedes Putenröllchen 1 Klecks Crème fraîche setzen und ohne Deckel in 10 Min. fertig garen.

- Beilage: Kräuterreis (Seite 9) oder auch Kartoffelpüree

- Varianten:

Für eine **Tomatenfüllung** 150 g getrocknete Tomaten in feine Streifen schneiden. 2 Knoblauchzehen schälen und durchpressen. Beides mit 2 EL Olivenöl vermischen.

Für eine **Pesto-Füllung** 100 g geröstete Pinienkerne mit den Blättern von 1 Bund Basilikum (auch Bärlauch oder Spinat schmecken fein) im Mixer fein pürieren. Während des Mixens so viel Olivenöl (etwa 75 ml) hinzufügen, dass ein cremiges Pesto entsteht. 2 EL geriebenen Parmesan unterrühren.

Für eine **asiatische Füllung** 20 g getrocknete Mu-Err-Pilze in warmem Wasser einweichen, ausdrücken und hacken. 100 g frische Sojasprossen waschen, abtropfen lassen. 1 walnussgroßes Stück Ingwer schälen und fein hacken. Alles mit 2–3 EL süßsaurer Chilisauce (Fertigprodukt) und den Blättchen von 1/2 Bund Koriandergrün mischen.
Die jeweilige Füllung auf dem Fleisch verteilen, aufrollen und zustecken.

für Gäste | gelingt leicht

Zitronen-poularde

FÜR 4 PERSONEN

- 1 unbehandelte Zitrone
- 1 frische Poularde (etwa 1,4 kg)
- Salz | Pfeffer
- 1 Bund Petersilie
- 4 Knoblauchzehen
- 250 g Schalotten
- 250 g kleine Champignons
- 1 Bouquet garni (siehe Tipp)
- 1/4 l Weißwein (ersatzweise Brühe)
- 2 EL Butter

Zubereitung: 40 Min.
Garzeit: 1 Std. 30 Min.
Pro Portion ca.: 395 kcal

1 | Den Römertopf® wässern. Von der Zitrone mit einem Zestenreißer die Hälfte der Schale ablösen, den Saft auspressen. Die Poularde waschen und abtrocknen. Innen und außen mit Zitronensaft bestreichen. Kräftig salzen und pfeffern. Die Petersilie waschen und in den Bauch legen. Die Poularde in den Römertopf® legen.

2 | Knoblauch und Schalotten schälen, Pilze putzen. Alles mit der Zitronenschale und dem Kräutersträußchen um die Poularde verteilen.

3 | Den Wein zugießen und die Butter in Flöckchen auf die Poularde setzen. Zugedeckt im Backofen bei 220° (Umluft 200°) 1 Std. 30 Min. garen.

TIPP Für das Bouquet garni (Kräutersträußchen) werden frische Kräuter zusammengebunden. Hier passen Rosmarin, Salbei und Thymian.

preiswert

Truthahn-Rollbraten

FÜR 6 PERSONEN

- 800 g kleine Kartoffeln
- 1 Bund junge Möhren
- 3 Zwiebeln
- 4 Knoblauchzehen
- 40 g weiche Butter
- 1 Truthahn-Rollbraten (etwa 1,2 kg, küchenfertig gebunden, eventuell beim Metzger vorbestellen)
- Salz | Pfeffer
- 60 g Räucherspeck in dünnen Scheiben
- 200 ml Geflügelfond (Glas)
- 1/4 l Rotwein (ersatzweise Geflügelfond)

Zubereitung: 50 Min.
Garzeit: 1 Std. 30 Min.
Pro Portion ca.: 735 kcal

1 | Den Römertopf® wässern. Kartoffeln und Möhren schälen und in Stücke schneiden. Zwiebeln und Knoblauch schälen und halbieren.

2 | Römertopf® mit der Butter ausstreichen. Rollbraten salzen und pfeffern, in die Form legen, mit dem Speck belegen. Das Gemüse darum herum verteilen. Geflügelfond und Rotwein angießen. Zugedeckt im Ofen bei 220° (Umluft 200°) 1 Std. 30 Min. garen.

3 | Das Fleisch in Scheiben schneiden (Garn entfernen), mit dem Gemüse servieren.

TIPP Für eine sämige Sauce den Bratfond in einen Topf gießen. Mit 2 EL Crème fraîche und 1 EL Preiselbeeren aufkochen.

im Bild vorne: Truthahn-Rollbraten *im Bild hinten:* Zitronenpoularde ➤

für Gäste | raffiniert

Pute unter der Haube

FÜR 4 KLEINE PORTIONS-RÖMERTÖPFCHEN®

- **500 g Putenschnitzel**
- **1 unbehandelte Zitrone**
- **Salz | Pfeffer**
- **2 EL Curry**
- **4 Knoblauchzehen**
- **4 Scheiben TK-Blätterteig (450 g)**
- **60 g Pinienkerne**
- **200 g kleine Champignons**
- **250 g kleine kernlose Weintrauben**
- **8 EL weißer Traubensaft**
- **200 g Sahnejoghurt**

Zubereitung: 1 Std.
Garzeit: 50 Min.
Pro Portion ca.: 820 kcal

1 | Das Fleisch in 2 cm große Würfel schneiden. Zitrone waschen, 1 1/2 TL Schale abreiben, 2 EL Saft auspressen. Beides zum Fleisch geben und mit Salz, Pfeffer und Curry würzen. Knoblauch schälen, dazupressen, alles gut vermengen.

2 | 1 Scheibe Blätterteig auftauen lassen, quer etwas ausrollen. Ein Töpfchen umgedreht eindrücken, um die Größe zu markieren. Gut 1 cm größer als die Markierung ausschneiden.

3 | Die Römertöpfchen® 10 Min. wässern. Pinienkerne in einer Pfanne ohne Fett goldgelb rösten. Pilze putzen und halbieren. Weintrauben waschen, von den Stielen zupfen. Fleisch, Pinienkerne, Pilze und Trauben in den Töpfchen verteilen.

4 | Den Traubensaft mit dem Joghurt verrühren und gleichmäßig darüber geben. Deckel aufsetzen, bei 200° (Umluft 180°) 30 Min. im Ofen garen.

5 | Inzwischen 3 weitere Blätterteigscheiben auftauen lassen, in gleicher Größe zuschneiden. Die Förmchen aus dem Ofen nehmen, die Deckel entfernen, jeweils 1 Teigscheibe auflegen und festdrücken. In etwa 20 Min. fertig backen, bis der Blätterteig goldgelb und schön aufgegangen ist. Die Pute unter der Haube sofort servieren.

1 Töpfchen füllen
Fleisch, Pinienkerne, Pilze und Trauben einfüllen, Saft-Joghurt darauf verteilen.

2 Teig ausschneiden
Größe des Deckels markieren, mit etwa 1 cm Abstand zum Abdruck ausschneiden.

3 Haube aufsetzen
Den überlappenden Blätterteig gut am Rand des Römertöpfchens® festdrücken.

schmeckt auch kalt

Hackbraten

FÜR 4 PERSONEN

- 2 Brötchen vom Vortag
- 4 Zwiebeln
- 100 g Räucherspeck
- 800 g gemischtes Hackfleisch
- 2 Eier | 2 EL Senf
- 3 EL Semmelbrösel
- Salz | Pfeffer
- Cayennepfeffer
- je 1/2 TL getrockneter Oregano, Kümmel und Paprikapulver
- 1 TL Mehl
- 100 g Crème fraîche

Zubereitung: 1 Std.
Garzeit: 1 Std. 20 Min.
Pro Portion ca.: 915 kcal

1 | Den Römertopf® wässern. Brötchen in warmem Wasser einweichen. 2 Zwiebeln schälen und hacken. Die Hälfte des Specks würfeln, Rest in dünne Scheiben schneiden.

2 | Hackfleisch, Brötchen (gut ausgedrückt), Speckwürfel, Eier, Senf und Semmelbrösel mischen, mit allen Gewürzen pikant abschmecken. Aus der Masse im Römertopf® einen länglichen Laib formen, mit den Speckscheiben belegen.

3 | Restliche Zwiebeln schälen, vierteln, in der Form verteilen. 1/8 l Wasser angießen. Im Ofen bei 220° (Umluft 200°) 1 Std. 20 Min. garen. Den Hackbraten aus der Form heben, in Scheiben schneiden. Mehl mit Crème fraîche verrühren, die Bratflüssigkeit damit binden.

Spezialität aus Bayern

Rahm-Krautwickerl

FÜR 6 PERSONEN

- 1 mittelgroßer Weißkohlkopf
- 30 g getrocknete Mischpilze
- 1 1/2 Brötchen vom Vortag
- 1 große Zwiebel
- 1 Bund Petersilie
- 400 g gemischtes Hackfleisch
- 2 kleine Eier
- je 1/2 TL getrockneter Majoran, Thymian, Paprika- und Kümmelpulver
- 1 Pkg. stückige Tomaten (370 g)
- 1 TL Zucker
- 250 g saure Sahne
- 1 TL Mehl
- Salz | Pfeffer

Zubereitung: 1 Std.
Garzeit: 1 Std. 30 Min.
Pro Portion ca.: 345 kcal

1 | Den Römertopf® wässern. Von dem Kohlkopf 12 große Blätter ablösen, in kochendem Salzwasser 3 Min. blanchieren. Gut abtropfen lassen. Pilze und Brötchen jeweils in heißem Wasser einweichen.

2 | Zwiebel schälen und klein würfeln, Petersilie hacken. Mit Hackfleisch, Eiern, ausgedrückten Brötchen, ausgedrückten, klein gehackten Pilzen in eine Schüssel geben, kräftig würzen und gut vermengen. Auf den Kohlblättern verteilen, Blätter seitlich einschlagen, fest aufrollen.

3 | Tomaten im Römertopf® verteilen, mit Zucker, Pfeffer und Salz würzen. Sahne und Mehl verrühren, untermischen. Krautwickerl darauf legen. Zugedeckt im Ofen bei 220° (Umluft 200°) 1 Std. 15 Min. garen. Offen noch 15 Min. bräunen lassen.

im Bild vorne: Hackbraten *im Bild hinten:* Rahm-Krautwickerl

gut vorzubereiten

Lammragout

FÜR 4 PERSONEN

- **800 g Lammfleisch (Schulter, Keule)**
- **2 EL Zitronensaft**
- **4 Zwiebeln**
- **4 Knoblauchzehen**
- **1 walnussgroßes Stück Ingwer**
- **50 g Butterschmalz**
- **3 EL Curry**
- **1 1/2 EL Mehl**
- **500 ml Lammfond (Glas)**
- **300 ml Rotwein (ersatzweise Lammfond)**
- **Salz | Pfeffer**

Zubereitung: 55 Min.
Garzeit: 2 Std.
➤ Pro Portion ca.: 695 kcal

1 | Den Römertopf® wässern. Das Lammfleisch von Haut und Sehnen befreien und in 3 cm große Würfel schneiden. Mit Zitronensaft und Pfeffer würzen.

2 | Zwiebeln, Knoblauch und Ingwer schälen. Die Zwiebeln in Spalten, den Knoblauch und den Ingwer in kleine Würfel schneiden.

3 | Butterschmalz in einer Pfanne erhitzen, das Fleisch rundum kräftig anbraten. Zwiebeln, Knoblauch und Ingwer dazugeben, kurz durchschwenken, salzen und in den Römertopf® füllen.

4 | Curry und Mehl mischen, darüber streuen. Lammfond und Rotwein angießen. Zugedeckt im Ofen bei 220° (Umluft 200°) 2 Std. garen.

➤ Beilage: Reis, Kartoffeln oder Baguette

für Gäste

Lammkeule

FÜR 4–6 PERSONEN

- **1 Lammkeule (etwa 2 kg)**
- **je 1 TL Koriander- und Pfefferkörner**
- **1 TL getrockneter Thymian**
- **Salz | Cayennepfeffer**
- **100 ml Olivenöl**
- **6 Knoblauchzehen**
- **5 Zwiebeln**
- **1 Zweig Rosmarin**
- **1/2 l Fleischbrühe**

Zubereitung: 1 Std.
Garzeit: 3–4 Std.
➤ Pro Portion ca.: 700 kcal

1 | Den Römertopf® wässern. Von der Lammkeule Haut, Sehnen und grobes Fett abschneiden. Koriander- und Pfefferkörner im Mörser zerstoßen. Mit Thymian, Salz, Cayennepfeffer und Öl verrühren. Knoblauch schälen und dazupressen. Das Fleisch damit bestreichen.

2 | Zwiebeln schälen und vierteln. Lammkeule in den Römertopf® legen, Zwiebeln, Rosmarin und Brühe hinzufügen. Zugedeckt im Ofen bei 175° (Umluft 160°) langsam 3–4 Std. schmoren lassen (bei Bedarf heiße Brühe nachgießen, die Keule sollte immer in Flüssigkeit liegen).

3 | Mit einem Küchenpinsel die Bratrückstände vom Rand der Form lösen. Das Fleisch in Scheiben schneiden.

➤ Beilagen: grüne Bohnen und Folienkartoffeln

TIPP
Eine TK-Lammkeule auftauen lassen, mit der Ölmischung (ohne Salz) einreiben, einige Std. im Gefrierbeutel marinieren.

herzhaft | gelingt leicht

Schweinebraten mit Kruste

FÜR 6 PERSONEN

- **1,5 kg Schweinebraten mit Schwarte**
- **Salz | Pfeffer**
- **1 TL Kümmel**
- **2 Zwiebeln**
- **2 Knoblauchzehen**
- **2 Tomaten**

Zubereitung: 20 Min.
Garzeit: 2 Std. 15 Min.
➤ Pro Portion ca.: 660 kcal

1 | Den Römertopf® wässern. Die Schwarte rautenförmig einschneiden und das Fleisch rundum mit Salz, Pfeffer und Kümmel würzen. Mit der Schwarte nach unten in den Römertopf® legen, 1/4 l Wasser angießen. Zugedeckt im Ofen bei 220° (Umluft 200°) 45 Min. schmoren lassen.

2 | Zwiebeln und Knoblauch schälen, Zwiebeln halbieren. Tomaten waschen. Die Form öffnen, das Gemüse darin verteilen und das Fleisch umdrehen. Eventuell etwas warmes Wasser zugießen, den Braten zugedeckt 1 Std. weitergaren.

3 | Den Deckel entfernen, die Temperatur auf 250° (Umluft 230°) erhöhen. Den Braten in 30 Min. knusprig braten, dabei öfter mit der Bratflüssigkeit begießen. Aus der Form heben, den Braten in Scheiben schneiden.

➤ Beilagen: Klöße, Knödel, Sauerkraut, Rotkohl

mediterran | würzig

Rindfleischtopf mit Bohnen

FÜR 4 PERSONEN

- **3 Zwiebeln**
- **2 Möhren**
- **5 Knoblauchzehen**
- **4 EL Butterschmalz**
- **1 kg Rindergulasch**
- **Salz | Pfeffer**
- **abgeriebene Schale von 1 unbehandelten Zitrone**
- **1 Bouquet garni (Kräutersträußchen, siehe Tipp Seite 38)**
- **1/2 l Fleischbrühe**
- **2 EL Tomatenmark**
- **250 g Dicke Bohnen (TK)**
- **1 Bund Petersilie**

Zubereitung: 45 Min.
Garzeit: 2 Std.
➤ Pro Portion ca.: 440 kcal

1 | Den Römertopf® wässern. Zwiebeln und Möhren schälen und grob würfeln. Den Knoblauch schälen.

2 | Das Butterschmalz in einer Pfanne erhitzen, das Fleisch darin portionsweise kräftig anbraten. Salzen und pfeffern und in den Römertopf® füllen. Zwiebeln und Knoblauch im Bratfett anbraten, dazugeben.

3 | Möhren, Zitronenschale und Bouquet garni hinzufügen. Brühe mit Tomatenmark vermischen und dazugießen. Zugedeckt im Ofen bei 200° (Umluft 180°) 1 Std. 35 Min. schmoren lassen.

4 | Den Topf öffnen, die Bohnen unter das Fleisch mischen, zugedeckt in 25 Min. fertig garen. Die Petersilie waschen und trockenschütteln, die Blätter hacken und über das fertige Gericht streuen.

➤ Beilage: Baguette oder Salzkartoffeln

im Bild vorne: **Rindfleischtopf mit Bohnen** *im Bild hinten:* **Schweinebraten mit Kruste** ➤

braucht etwas Zeit

Kaninchen in Rotwein

FÜR 4 PERSONEN

- **1/2 l trockener Rotwein**
  6 Knoblauchzehen
  1 Möhre
  2 gespickte Zwiebeln (siehe unten)
  je 8 Pfefferkörner und Wacholderbeeren
  1 junges küchenfertiges Kaninchen (etwa 1,4 kg)
  Salz | Pfeffer
  2 EL Butter
  3 EL Olivenöl
  2 EL mittelscharfer Senf
  1 Bund frischer Thymian
  200 g Sahne

Zubereitung: 1 Std. 30 Min.
Marinierzeit: 12 Std.
Garzeit: 2 Std.

- Pro Portion ca.: 645 kcal

1 | Rotwein in einen Topf gießen. 2 Knoblauchzehen und die Möhre schälen, grob zerteilen und mit den Zwiebeln, Pfefferkörnern und Wacholderbeeren in den Topf geben. Wein bis zum Siedepunkt erhitzen, danach abkühlen lassen.

2 | Kaninchen in 6–8 Stücke teilen (siehe unten), dabei alle Häutchen und Sehnen entfernen. In den Weinsud legen und zugedeckt 12 Std. marinieren.

3 | Den Römertopf® wässern. Die Kaninchenteile abtrocknen, mit Salz und Pfeffer würzen. In einer Pfanne Butter und Olivenöl erhitzen. Fleischstücke darin rundherum anbraten. Mit dem Senf bestreichen und in den Römertopf® legen. Restlichen Knoblauch schälen, mit dem Thymian dazwischen verteilen. Zugedeckt im Ofen bei 180° (Umluft 160°) 2 Std. schmoren lassen.

4 | Die Kaninchenteile herausheben, die Sahne unter die Bratflüssigkeit rühren. Die Fleischstücke zurücklegen und kurz in der Sauce durchziehen lassen.

- Beilagen: frische Waldpilze und Petersilienkartoffeln (Seite 9)
- Getränk: trockener Rotwein

1 Zwiebeln spicken
Eine Zwiebel schälen. Ein Lorbeerblatt mit einer Gewürznelke daran feststecken.

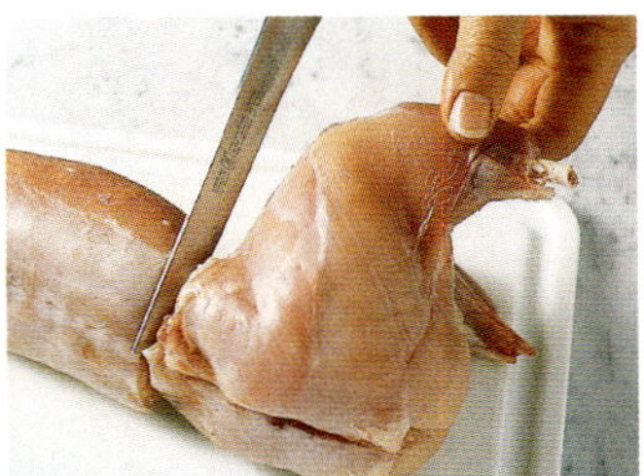

2 Kaninchen teilen
Die Vorder- und Hinterläufe herausschneiden, eventuell jeweils an den Gelenken teilen.

3 Rücken zerlegen
Den Kaninchenrücken zwischen den Wirbeln in 2 große oder 4 kleine Stücke schneiden.

für Festtage

Fasan in Portwein

FÜR 4 PERSONEN

- **2 junge küchenfertige Fasane (je etwa 700 g)**
  Salz | Pfeffer
  8 Wacholderbeeren
  6 Pimentkörner
  2 cl Cognac (nach Belieben)
  2 EL weiche Butter
  2 Zweige Thymian
  120 g Räucherspeck in dünnen Scheiben
  gut 1/8 l Portwein
  Küchengarn

Zubereitung: 50 Min.
Garzeit: 1 Std. 30. Min.
- Pro Portion ca.: 385 kcal

1 | Den Römertopf® wässern. Die Fasane waschen und abtrocknen. Innen und außen salzen und pfeffern.

2 | Wacholderbeeren und Pimentkörner im Mörser zerstoßen, mit Cognac und Butter vermischen. Die Fasane innen damit ausstreichen. Je 1 Thymianzweig in den Bauch legen.

3 | Brust und Schenkel dicht mit Speck belegen und mit Küchengarn einbinden. Fasane in den Römertopf® legen, Portwein angießen. Zugedeckt im Backofen bei 200° (Umluft 180°) 1 Std. 15 Min. garen.

4 | Das Küchengarn und den Speck entfernen. Die Fasane mit kaltem Salzwasser bestreichen und ohne Deckel noch 15 Min. bräunen lassen. Die Fasane tranchieren und mit den Beilagen servieren.

- Beilagen: Kartoffelplätzchen und Rotkohl

braucht etwas Zeit

Wildente mit Schalotten

FÜR 2–3 PERSONEN

- **1 junge Wildente (etwa 1 kg, küchenfertig)**
  Salz | Pfeffer
  1 TL getrockneter Majoran
  2 kleine Äpfel
  3 EL Butter
  200 ml Geflügelfond (Glas)
  350 g Schalotten
  1 EL Zucker
  1 1/2 EL Weinessig

Zubereitung: 1 Std.
Garzeit: 2 Std. 15 Min.
- Pro Portion ca.: 425 kcal

1 | Den Römertopf® wässern. Die Ente waschen und abtrocknen. Innen mit Salz, Pfeffer und Majoran würzen. Die Äpfel waschen und in den Bauch legen. Die Öffnung zustecken, die Ente mit der Brust nach unten in die Form legen.

2 | Butter schmelzen, die Ente damit bestreichen, salzen und pfeffern. Zugedeckt im Ofen bei 180° (Umluft 160°) 45 Min. braten. Die Ente umdrehen. Das Bratfett abschöpfen, zur Seite stellen. Fond zugießen und 1 Std. 10 Min. garen.

3 | Die Ente mit Salzwasser bestreichen und 20 Min. offen bräunen lassen. Die Schalotten schälen, im abgeschöpften Fett mit dem Zucker goldgelb anbraten. Mit 2 EL Wasser und Essig ablöschen. Den Bratfond aus dem Römertopf® dazugießen, 3 Min. köcheln lassen. Die Ente zerteilen und mit der Schalottensauce servieren.

im Bild vorne: **Fasan in Portwein** *im Bild hinten:* **Wildente mit Schalotten** ➤

Süßer Genuss

Der Römertopf® eignet sich nicht nur für Herzhaftes, es lassen sich damit auch wunderbare Desserts und süße Aufläufe herstellen. Wenn Sie dazu noch eine feine hausgemachte Himbeer-, Aprikosen- oder Vanillesauce (Seite 8 und 58) servieren, sind Ihre Süßschnäbel ganz sicher glücklich.

Blitzrezepte

Bratäpfel

FÜR 2 PORTIONSRÖMERTÖPFCHEN

➤ **2 große Äpfel | 3 TL Butter | 1 TL Zucker | 1 EL Quitten- oder Apfelgelee 1 EL gehackte Walnüsse | 2 Prisen Zimt**

1 | Die Förmchen 10 Min. wässern. Äpfel in der Mitte mit einem Apfelausstecher nicht ganz durchstechen und das Kerngehäuse vorsichtig entfernen.

2 | 1 TL Butter mit Zucker, Gelee, Nüssen und Zimt vermischen. Diese Masse in die Apfelhöhlung drücken und jeweils 1 Apfel in ein Förmchen setzen. Mit der restlichen Butter belegen, im Ofen bei 180° (Umluft 160°) 40 Min. backen. Dazu schmeckt Vanillesauce (Seite 58).

Rotweinbirnen

FÜR 6 PERSONEN

➤ **6 reife Birnen | 1/4 l kräftiger Rotwein 4 EL brauner Zucker | 1 Sternanis 1 Zimtstange | 2 Nelken**

1 | Den Römertopf® wässern. Die Birnen waschen, halbieren und das Kerngehäuse mit einem Kugelausstecher entfernen. Rotwein, Zucker und die Gewürze in den Römertopf® geben.

2 | Die Birnen in den Weinsud legen und die Form schließen. Im Ofen bei 200° (Umluft 180°) 45 Min. garen. Jeweils 2 Birnenhälften auf einem Dessertteller anrichten. Dazu schmecken Eis und Schlagsahne.

schmeckt auch kalt

Quarkauflauf mit Sauerkirschen

FÜR 4 PERSONEN

- **4 Brötchen vom Vortag**
- **1/2 l Milch**
- **600 g Sauerkirschen (ersatzweise aus dem Glas)**
- **4 Eier**
- **70 g weiche Butter**
- **125 g Zucker**
- **250 g Quark**
- **1 Pkg. Bourbon-Vanillezucker**

Zubereitung: 50 Min.
Garzeit: 1 Std. 10 Min.
Pro Portion ca.: 760 kcal

1 | Den Römertopf® wässern. Brötchen in dünne Scheiben schneiden. Milch erhitzen, über die Brötchen gießen, 30 Min. einweichen. Kirschen waschen, entsteinen.

2 | Die Eier trennen. Eigelbe mit 60 g Butter und dem Zucker schaumig rühren. Quark und Kirschen unterheben, die Brötchenmasse unterrühren.

3 | Die Eiweiße mit Vanillezucker steif schlagen, unter den Quark heben. Den Römertopf® mit restlicher Butter ausstreichen, die Quarkmasse einfüllen und zugedeckt bei 200° (Umluft 180°) 1 Std. 10 Min. backen. Dazu passen Vanillesauce (Seite 58) und/oder Vanilleeis.

gelingt leicht

Zwetschgenauflauf

FÜR 4 PERSONEN

- **800 g Zwetschgen**
- **80 g Zucker**
- **1 TL Zimt**
- **1/2 l Milch**
- **Salz**
- **1/2 TL abgeriebene unbehandelte Zitronenschale**
- **100 g Grieß**
- **5 Eier**
- **40 g weiche Butter**
- **3 EL Semmelbrösel**
- **100 g gehackte Nüsse (Haselnüsse, Walnüsse, Mandeln)**

Zubereitung: 1 Std.
Garzeit: 1 Std.
Pro Portion ca.: 705 kcal

1 | Den Römertopf® wässern. Die Zwetschgen waschen und entsteinen. In einer Schüssel mit 2 EL Zucker und dem Zimt vermischen.

2 | Die Milch mit 1 Prise Salz, der Zitronenschale, Grieß und 3 EL Zucker aufkochen. Unter Rühren bei kleinster Hitze 5 Min. quellen, dann etwas abkühlen lassen.

3 | 2 Eier trennen, die Eiweiße mit 1 TL Zucker steif schlagen. 20 g Butter, restliche Eier und die Eigelbe unter den Grießbrei rühren. Zum Schluss vorsichtig den Eischnee unterheben.

4 | Den Römertopf® mit 10 g Butter ausfetten, mit den Semmelbröseln ausstreuen. Die Hälfte der Grießmasse einfüllen, darauf die Zwetschgen und Nüsse verteilen. Restlichen Grieß darauf verstreichen, die restliche Butter in Flöckchen darauf setzen. Zugedeckt im Ofen bei 200° (Umluft 180°) 1 Std. backen.

im Bild vorne: **Quarkauflauf mit Sauerkirschen** *im Bild hinten:* **Zwetschgenauflauf** ➤

preiswert

Apfelreis

FÜR 4 PERSONEN

- **1 unbehandelte Zitrone**
  1 Vanilleschote
  1 l Milch | Salz
  7 EL Zucker
  180 g Milchreis
  1 TL Zimt
  600 g Äpfel
  3 Eier
  60 g weiche Butter
  4 geriebene Zwiebäcke

Zubereitung: 50 Min.
Garzeit: 50 Min.
- Pro Portion ca.: 710 kcal

1 | Den Römertopf® wässern. Die Zitrone waschen, 1 TL Schale abreiben, Saft auspressen. Vanilleschote aufschneiden, Mark herauskratzen. Milch mit 2 Prisen Salz, Vanillemark, Zitronenschale und 1 EL Zucker aufkochen. Den Reis einrühren, 15 Min. köcheln lassen.

2 | Den Zimt mit 4 EL Zucker mischen. Äpfel schälen, in dünne Scheiben schneiden. Mit Zitronensaft und 2 EL Zimtzucker mischen. Eier trennen, Eigelbe mit restlichem Zucker und 30 g Butter schaumig rühren. Unter den Reis mischen. Eiweiße steif schlagen und unterheben.

3 | Restliche Butter zerlassen. Die Form ausstreichen, mit Zwiebackbröseln ausstreuen. Die Hälfte des Reisbreis einfüllen, Äpfel darauf verteilen, mit Reis abdecken. Mit restlicher Butter bestreichen, zugedeckt bei 200° im Ofen (Umluft 180°) 50 Min. backen. Mit restlichem Zimtzucker bestreuen und mit einer Fruchtsauce (Seite 8) servieren.

Spezialität aus England

Apple-Pie

FÜR 6 PERSONEN

- **150 g Mehl | 1/2 TL Salz**
  80 g kalte Butter
  3 EL Schweineschmalz
  100 g Rosinen
  3 EL Rum (nach Belieben)
  1 unbehandelte Zitrone
  1,5 kg Äpfel
  5 EL schwarze Johannisbeermarmelade
  100 g Zucker | 1/2 TL Zimt
  1 Pkg. Vanillezucker

Zubereitung: 1 Std.
Garzeit: 1 Std.
- Pro Portion ca.: 520 kcal

1 | Mehl, Salz, Butter und Schmalz zu Bröseln verreiben. Mit 2 EL eiskaltem Wasser zu einem glatten Teig kneten, 30 Min. kühl stellen. Römertopf® (ohne Deckel) wässern.

2 | Rosinen in Rum einweichen. Zitronenschale abreiben, Saft von 1/2 Zitrone auspressen. Äpfel schälen, in Spalten schneiden. Marmelade mit den verbliebenen Zutaten verrühren, mit Äpfeln, Rosinen, Zitronenschale und -saft mischen und in den Römertopf® füllen.

3 | Aus 1/4 des Teiges eine lange Rolle formen, innen entlang des Topfrandes andrücken. Restlichen Teig in Formgröße ausrollen, als Deckel am Teigring andrücken, 2 kleine Löcher einschneiden. Bei 180° (Umluft 160°) 1 Std. backen. Mit Vanillesauce (Seite 58) servieren.

für Gäste | fruchtig

Gefüllte Pfirsiche mit Vanillesauce

FÜR 4 PERSONEN

➤ **Für die Pfirsiche:**
- 4 reife, aber feste Pfirsiche
- 100 g fein gemahlene Haselnüsse
- 80 g weiche Butter
- 4 EL flüssiger Honig
- 2 EL Amaretto (Mandellikör)
- 2 Pkg. Bourbon-Vanillezucker

➤ **Für die Vanillesauce:**
- 1 Vanilleschote
- 3/4 l Milch
- 1 1/2 EL Speisestärke
- 60 g Zucker
- 1 Ei
- 2 Eigelbe

Zubereitung: 50 Min.
Garzeit: 45 Min.
➤ Pro Portion ca.: 715 kcal

1 | Den Römertopf® wässern. Die Pfirsiche waschen, halbieren und den Stein herauslösen. Die Eintiefungen mit einem Teelöffel etwas vergrößern, das gewonnene Fruchtfleisch in eine kleine Schüssel geben und zerdrücken. Mit den Haselnüssen, der Hälfte der Butter, dem Honig und dem Amaretto verrühren.

2 | Die Pfirsichhälften nebeneinander in den Römertopf® setzen. Die Nussmasse auf den Hälften verteilen. Restliche Butter in Flöckchen darauf legen und alles mit dem Vanillezucker bestreuen. Zugedeckt im Ofen bei 180° (Umluft 160°) 45 Min. backen.

3 | Inzwischen für die Sauce die Vanilleschote längs aufschneiden und das Mark herauskratzen. Von der Milch 3 EL abnehmen und mit der Speisestärke verrühren. Die übrige Milch mit der Vanilleschote und dem Vanillemark zum Kochen bringen. Abkühlen lassen und die Vanilleschote entfernen.

4 | Den Zucker mit dem Ei und den Eigelben schaumig rühren. Mit der angerührten Stärke unter die Vanillemilch rühren und nochmals kurz aufkochen lassen. Abkühlen lassen und gelegentlich umrühren, damit sich keine Haut bildet.

5 | Je 2 Pfirsichhälften auf einem Dessertteller anrichten, die Vanillesauce dazu servieren. Statt Vanillesauce schmeckt auch gesüßte Schlagsahne.

TIPP

Statt der Pfirsiche können Sie auch große Nektarinen verwenden und die Haselnüsse durch gemahlene Mandeln ersetzen.

Zum Gebrauch
Damit Sie Rezepte mit bestimmten Zutaten noch schneller finden können, stehen in diesem Register zusätzlich auch beliebte Zutaten wie **Kartoffeln** oder **Tomaten** – ebenfalls alphabetisch geordnet und halbfett gedruckt – über den entsprechenden Rezepten.

Die Autorin

Gudrun Ruschitzka lernte das Kochen von der Pike auf und legte erfolgreich den Facharbeiterbrief als Köchin ab. Doch die Welt der Gastronomie tauschte sie bald mit der der Bücher und begann ein Studium an der Bibliothekarschule in Leipzig. Als Diplom-Bibliothekarin arbeitete sie in verschiedenen Berliner Bibliotheken, bevor sie nach einigen Semestern Kunstgeschichte an der Uni München beim Lufthansa Party Service begann. Wie ein roter Faden zieht sich die Formel »Köchin + Bibliothekarin = Kochbuchautorin« durch ihr Leben.

Der Fotograf

Michael Brauner arbeitete nach Abschluss der Fotoschule in Berlin als Fotoassistent bei namhaften Fotografen in Frankreich und Deutschland, bevor er sich 1984 selbstständig machte. Sein individueller, atmosphärereicher Stil wird überall geschätzt: in der Werbung ebenso wie bei vielen bekannten Verlagen. In seinem Studio in Karlsruhe setzt er die Rezepte zahlreicher GU-Titel stimmungsvoll ins Bild.

Bildnachweis

Titelfoto: Jörn Rynio, Hamburg; alle anderen: Michael Brauner, Karlsruhe

Gedruckt auf Primasilk 130 g/qm holzfrei matt gestrichen Bilderdruck, made by StoraEnso, geliefert von der Papier Union

Programmleitung:
Doris Birk
Leitende Redakteurin:
Birgit Rademacker
Redaktion:
Tanja Germann, Susanne Klug, Stefanie Poziombka
Lektorat: Margit Proebst
Korrektorat: Mischa Gallé
Layout, Typografie und Umschlaggestaltung:
Independent Medien Design, München
Satz:
Verlagssatz Lingner
Herstellung:
Gloria Pall
Reproduktion:
Repro Ludwig, Zell am See
Druck und Bindung:
Kaufmann, Lahr

ISBN 3-7742-6618-2

Auflage	5.	4.	3.	2.	1.
Jahr	2008	07	06	05	04

GRÄFE UND UNZER

Ein Unternehmen der
GANSKE VERLAGSGRUPPE

Das Original mit Garantie

Ihre Meinung ist uns wichtig. Deshalb möchten wir Ihre Kritik, gerne aber auch Ihr Lob erfahren. Um als führender Ratgeberverlag für Sie noch besser zu werden. Darum: Schreiben Sie uns! Wir freuen uns auf Ihre Post und wünschen Ihnen viel Spaß mit Ihrem GU-Ratgeber.

Unsere Garantie: Sollte ein GU-Ratgeber einmal einen Fehler enthalten, schicken Sie uns das Buch mit einem kleinen Hinweis und der Quittung innerhalb von sechs Monaten nach dem Kauf zurück. Wir tauschen Ihnen den GU-Ratgeber gegen einen anderen zum gleichen oder ähnlichen Thema um.

GRÄFE UND UNZER VERLAG
Redaktion
Kochen & Verwöhnen
Postfach 86 03 25
81630 München
Fax: 089/41981-113
e-mail: leserservice@graefe-und-unzer.de

GU KÜCHENRATGEBER

Neue Rezepte für den großen Kochspaß

ISBN 3-7742-5452-4

ISBN 3-7742-5941-0

ISBN 3-7742-6057-5

ISBN 3-7742-6059-1

ISBN 3-7742-6065-6

ISBN 3-7742-4885-0

64 Seiten, 7,50 € [D]

Das macht die GU Küchenratgeber zu etwas Besonderem:

- *Rezepte mit maximal 10 Hauptzutaten*
- *Blitzrezepte in jedem Kapitel*
- *alle Rezepte getestet*
- *Geling-Garantie durch die 10 GU-Erfolgstipps*

GU

Gutgemacht. Gutgelaunt.

Geling-Garantie für den Römertopf®

SCHONENDES GAREN

- Für Kochgenüsse mit und ohne Fleisch, die fettarme Diätküche oder einfach um gesund und kalorienarm zu kochen, ist der Römertopf® ideal. Alles gart sanft im eigenen Saft und bewahrt so Vitamine und Nährstoffe optimal.

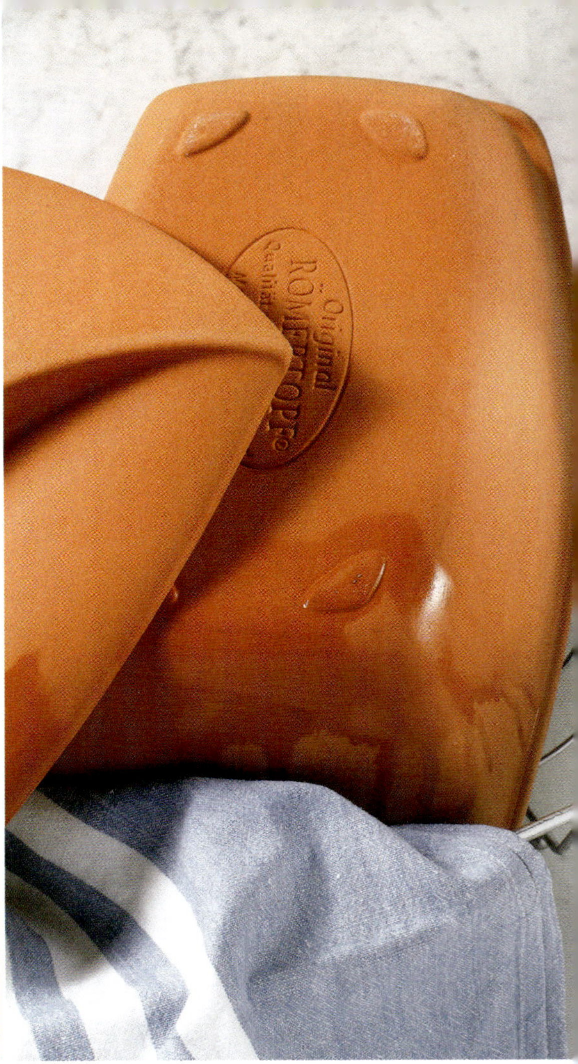

KEIN KÄLTESCHOCK

- Ein heißer Römertopf® verträgt keine kalte Flüssigkeitszugabe. Er könnte reißen oder springen, und dann können Sie ihn nicht mehr verwenden. Wein oder Brühe vor dem Angießen also immer anwärmen!

GESCHENKTE ZEIT

- Wie erfreulich, wenn beim Kochen nichts anbrennt oder überkocht und man nicht ständig umrühren muss. Bei Benutzung des Römertopfes® kann nichts dergleichen passieren. Während es im Ofen beruhigend schmurgelt, können Sie unbesorgt aus der Küche verschwinden.

ERFREULICHE UMSTÄNDE

- Da die Tonform geschlossen bleibt, spritzt nichts umher und der Backofen bleibt sauber. Das große Saubermachen hinterher entfällt also angenehmerweise.
- Es entsteht außerdem keine »Geruchsbelästigung«, z. B. bei Fisch oder Kohlgerichten.